O-Level

THREE IN ONE Writing Practice Book

Name ....

Class .... Sec. ....

School ....

Little Masters™

ENGLISH ALPHABET

A	A	A	A
A	A	A	A
A	A	A	A
A	A	A	A
A	A	A	A
A	A	A	A
A	A	A	A
A	A	A	A

B	B	B	B
B	B	B	B
B	B	B	B
B	B	B	B
B	B	B	B
B	B	B	B
B	B	B	B
B	B	B	B

Teacher's Signature: ....
Date: .... Remarks: ....

Teacher's Signature: ....
Date: .... Remarks: ....

E			

F			

Teacher's Signature: ....
Date: .... Remarks: ....

G	G	G	G

H	H	H	H

Teacher's Signature: ....
Date: .... Remarks: ....

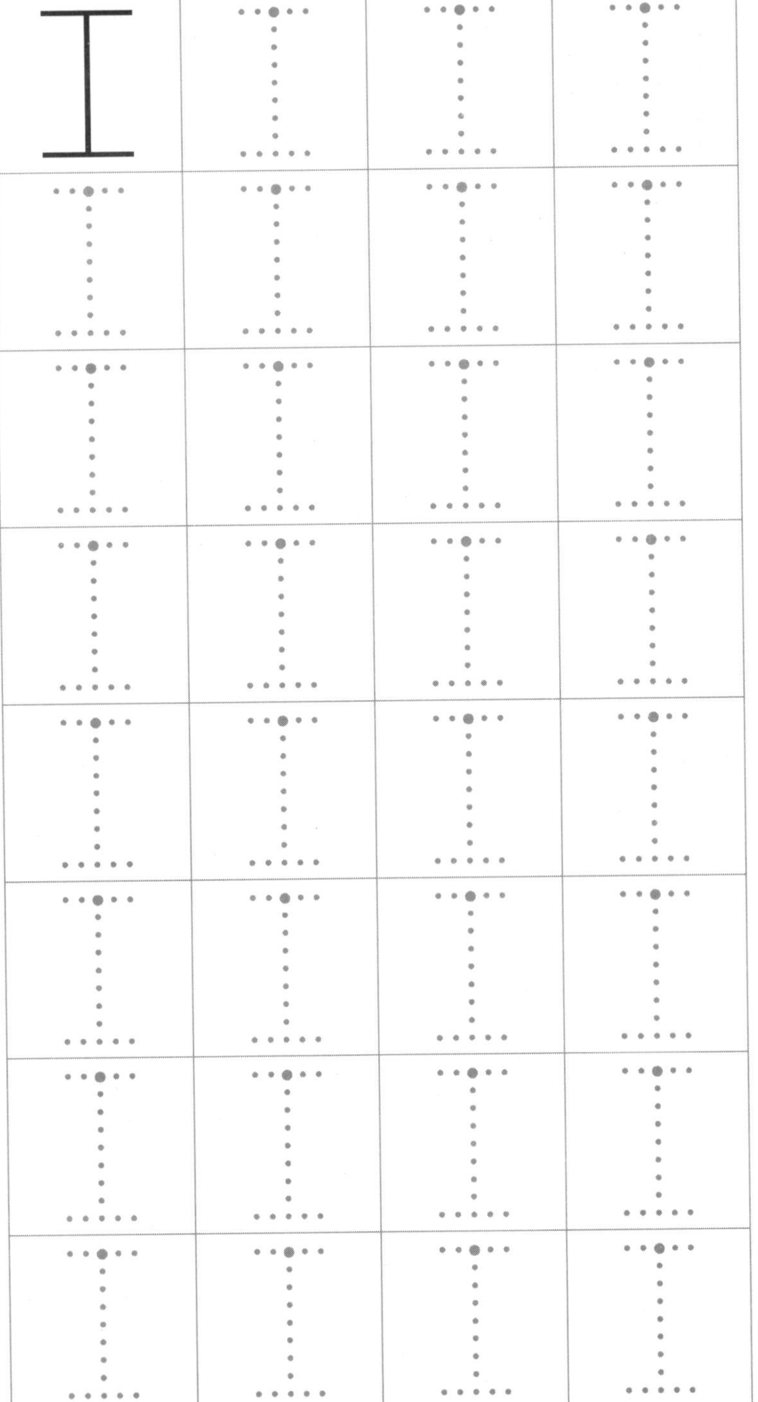

Teacher's Signature: ....
Date: .... Remarks: ....

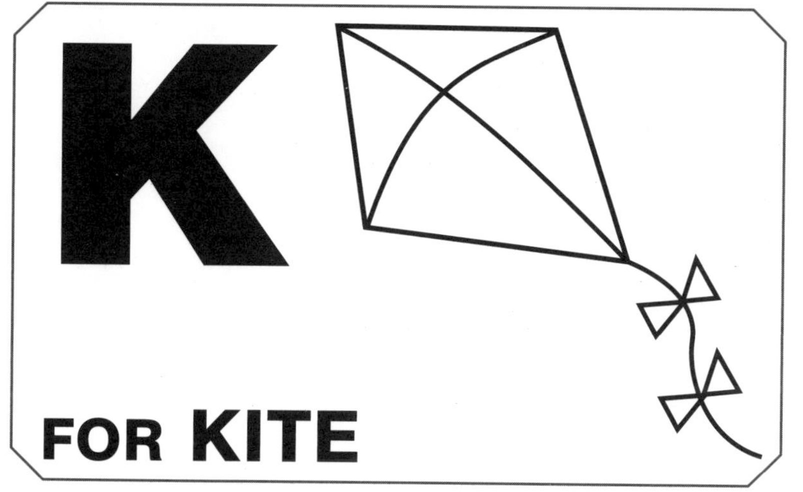

Teacher's Signature: ....
Date: .... Remarks: ....

Teacher's Signature: ....

Date: .... Remarks: ....

Teacher's Signature: ....
Date: .... Remarks: ....

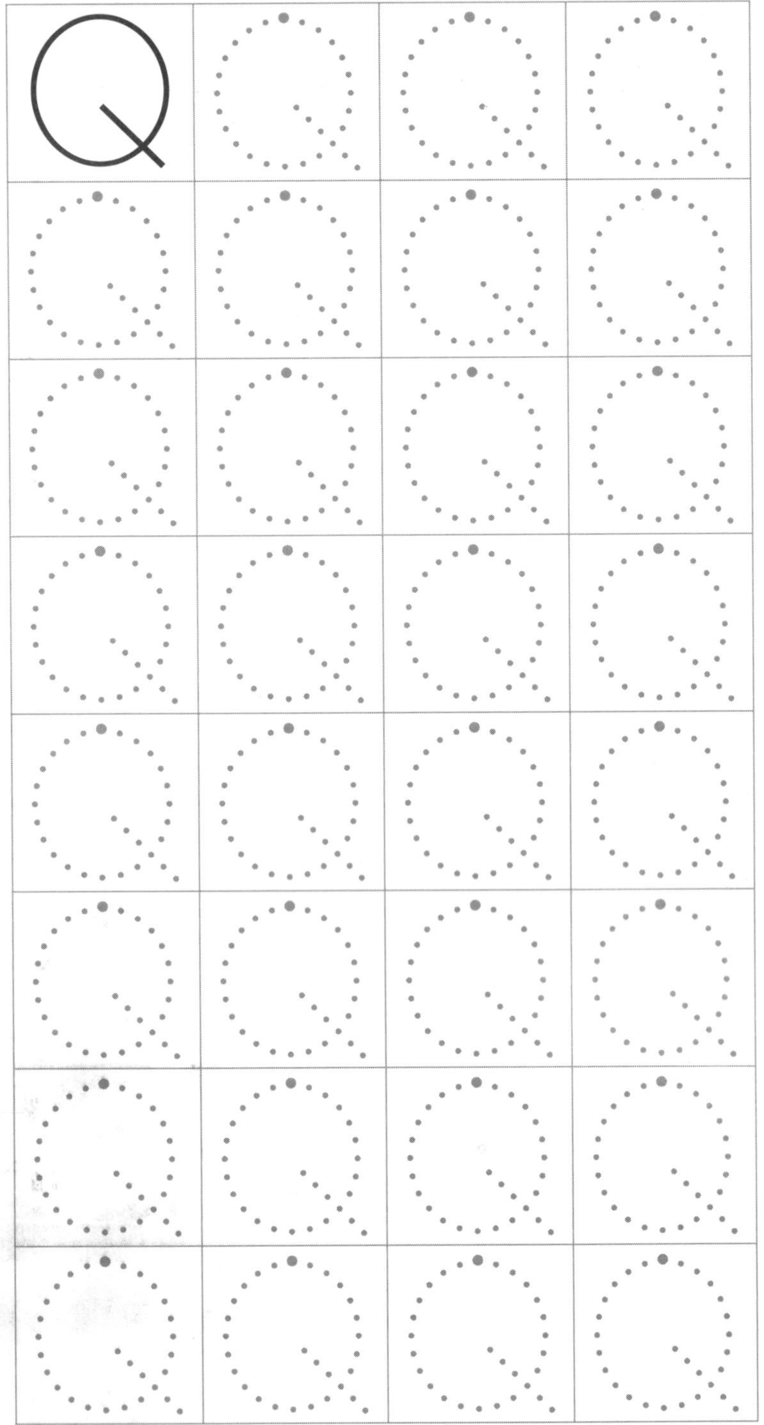

Teacher's Signature: ....

Date: .... Remarks: ....

FOR SHIP

FOR TIGER

Teacher's Signature: ....
Date: .... Remarks: ....

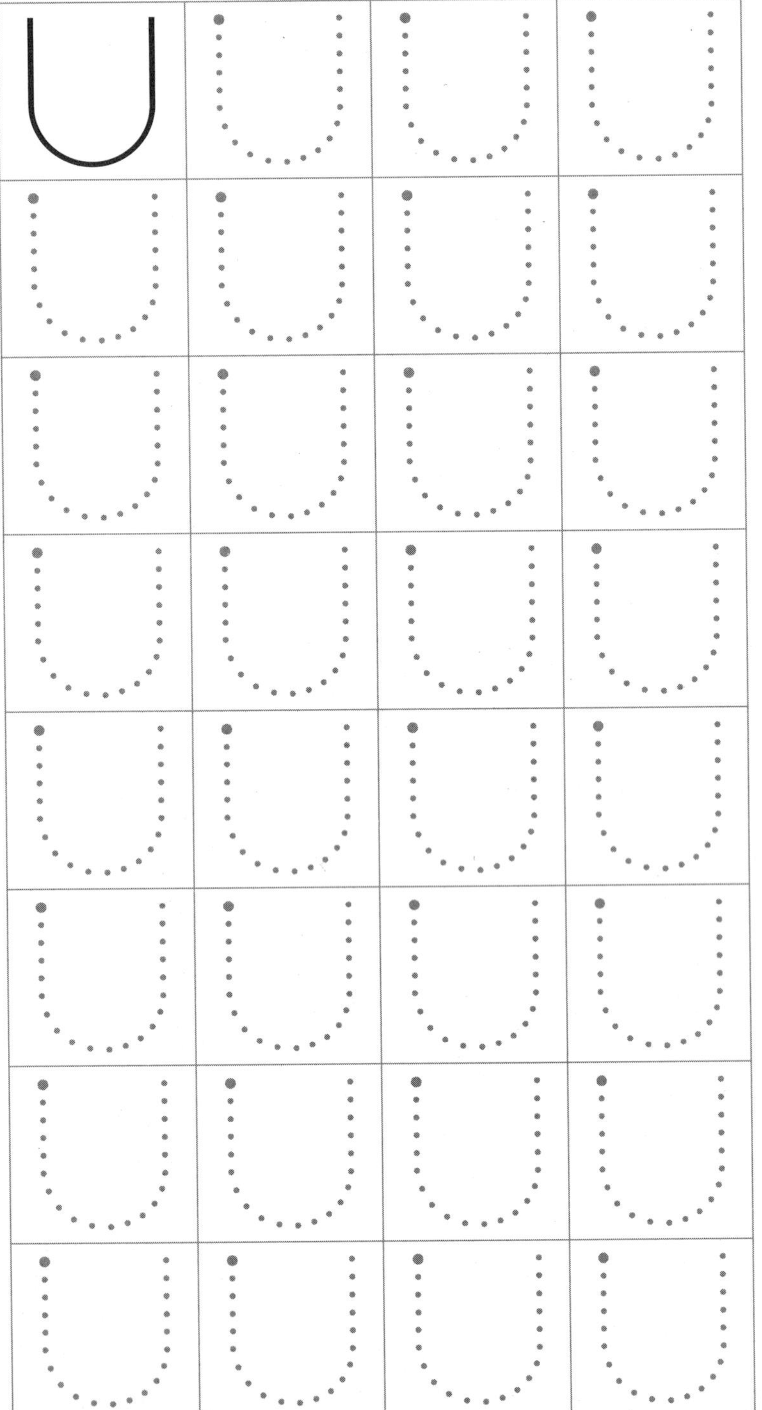

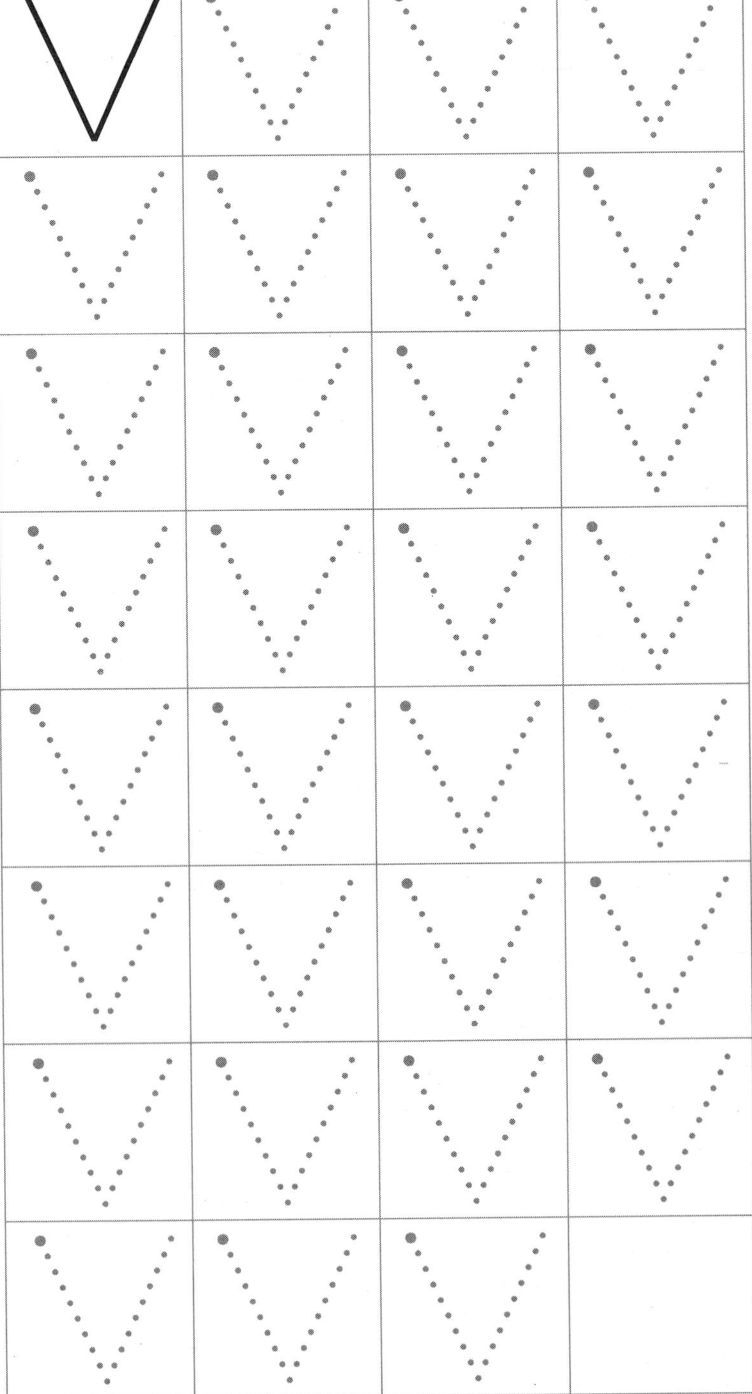

Teacher's Signature: ....

Date: .... Remarks: ....

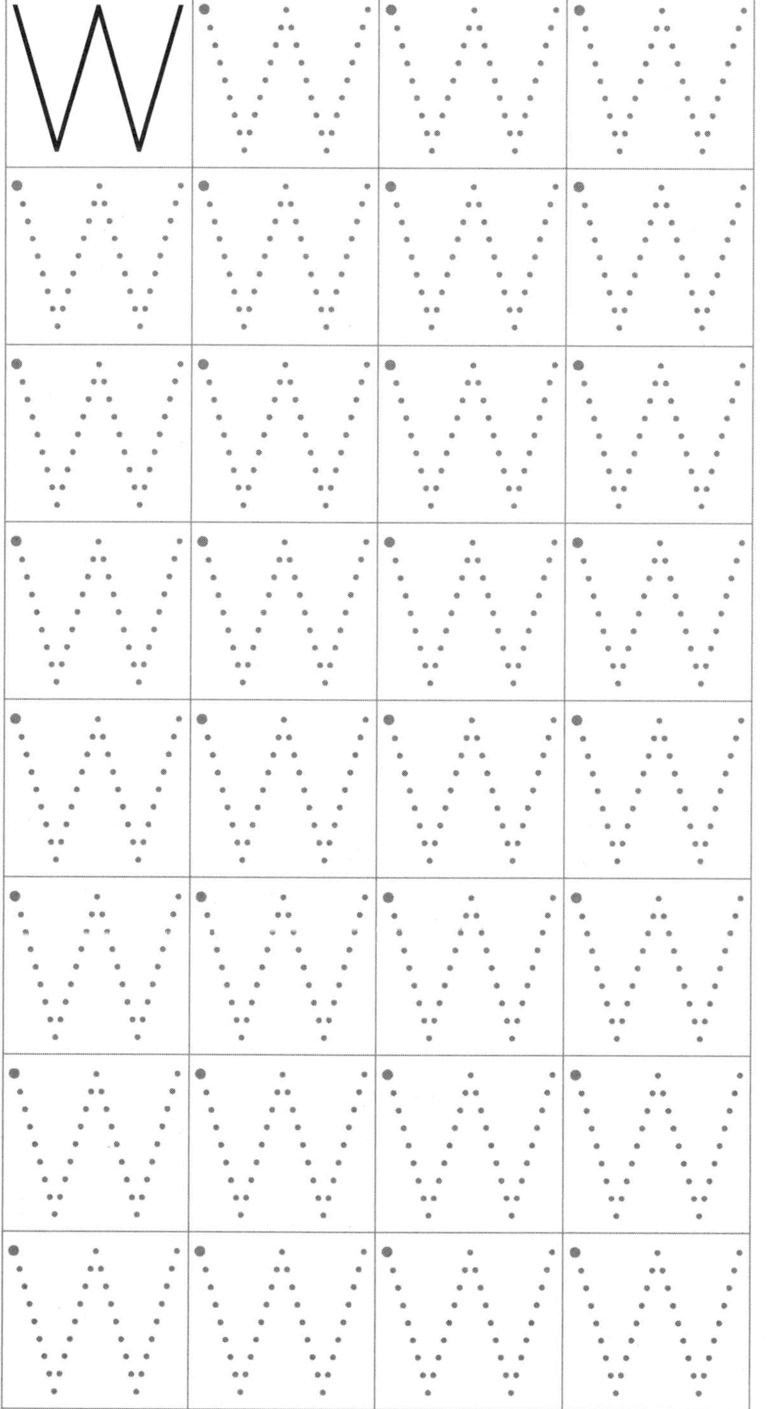

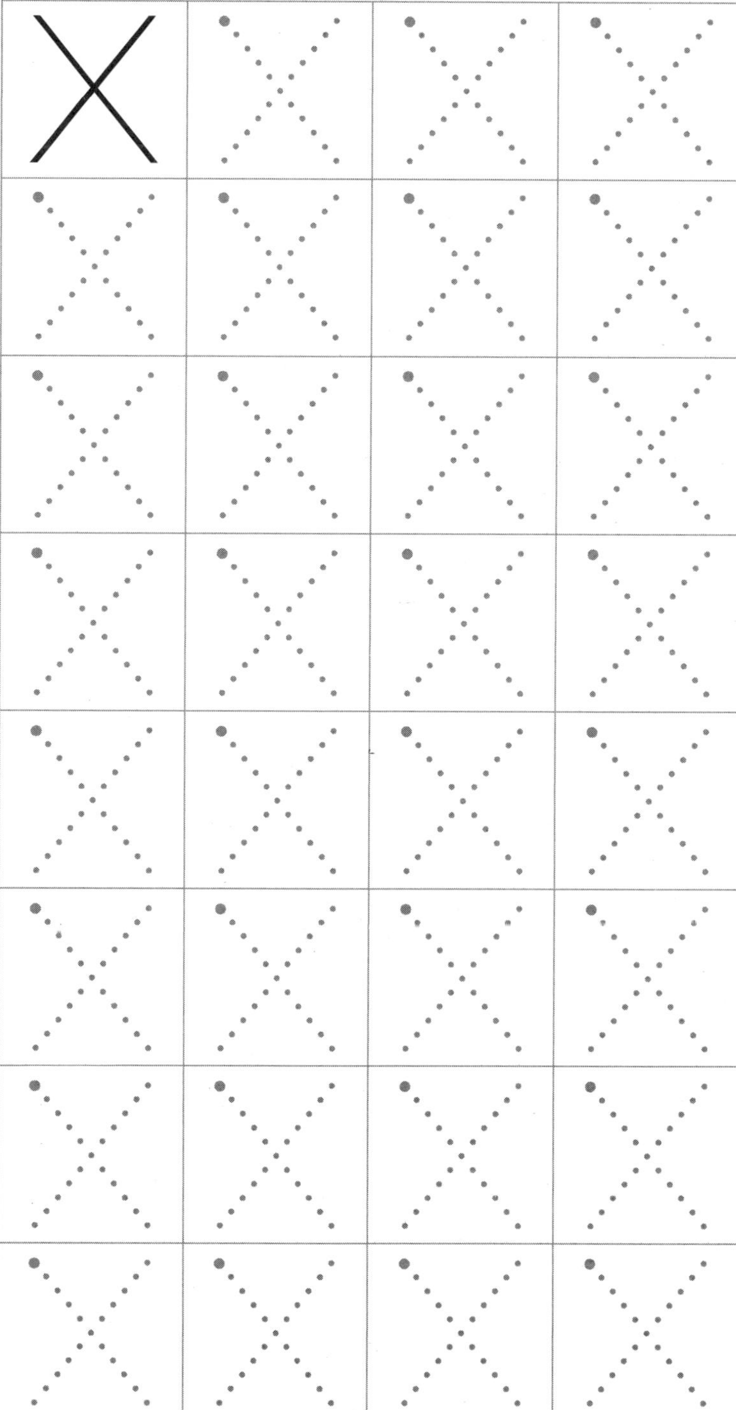

Teacher's Signature: ....

Date: .... Remarks: ....

Y

Z

Teacher's Signature: ....
Date: .... Remarks: ....

Fill in the missing letters.

Teacher's Signature: ....
Date: .... Remarks: ....

हिंदी वर्णमाला

अ

से अनार

अ	अ	अ	अ
अ	अ	अ	अ
अ	अ	अ	अ
अ	अ	अ	अ
अ	अ	अ	अ
अ	अ	अ	अ
अ	अ	अ	अ
अ	अ	अ	अ

आ	आ	आ	आ
आ	आ	आ	आ
आ	आ	आ	आ
आ	आ	आ	आ
आ	आ	आ	आ
आ	आ	आ	आ
आ	आ	आ	आ
आ	आ	आ	आ

Teacher's Signature: ....

Date: .... Remarks: ....

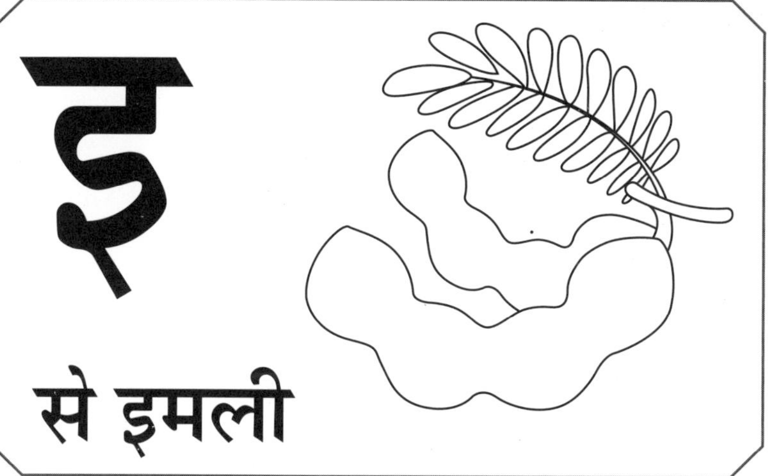

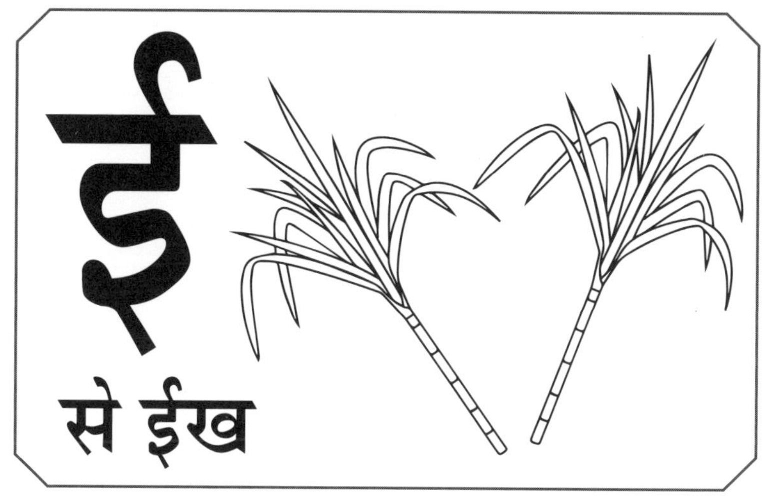

इ	इ	इ	इ
इ	इ	इ	इ
इ	इ	इ	इ
इ	इ	इ	इ
इ	इ	इ	इ
इ	इ	इ	इ
इ	इ	इ	इ
इ	इ	इ	इ

ई	ई	ई	ई
ई	ई	ई	ई
ई	ई	ई	ई
ई	ई	ई	ई
ई	ई	ई	ई
ई	ई	ई	ई
ई	ई	ई	ई
ई	ई	ई	ई

Teacher's Signature: ....
Date: .... Remarks: ....

उ

से उल्लू

ऊ

से ऊंट

उ	उ	उ	उ
उ	उ	उ	उ
उ	उ	उ	उ
उ	उ	उ	उ
उ	उ	उ	उ
उ	उ	उ	उ
उ	उ	उ	उ
उ	उ	उ	उ

ऊ	ऊ	ऊ	ऊ
ऊ	ऊ	ऊ	ऊ
ऊ	ऊ	ऊ	ऊ
ऊ	ऊ	ऊ	ऊ
ऊ	ऊ	ऊ	ऊ
ऊ	ऊ	ऊ	ऊ
ऊ	ऊ	ऊ	ऊ
ऊ	ऊ	ऊ	ऊ

Teacher's Signature: ....

Date: .... Remarks: ....

से ऋषि

ऋ

THREE IN ONE WRITING
(*Practice Book*)

Teacher's Signature: ....
Date: .... Remarks: ....

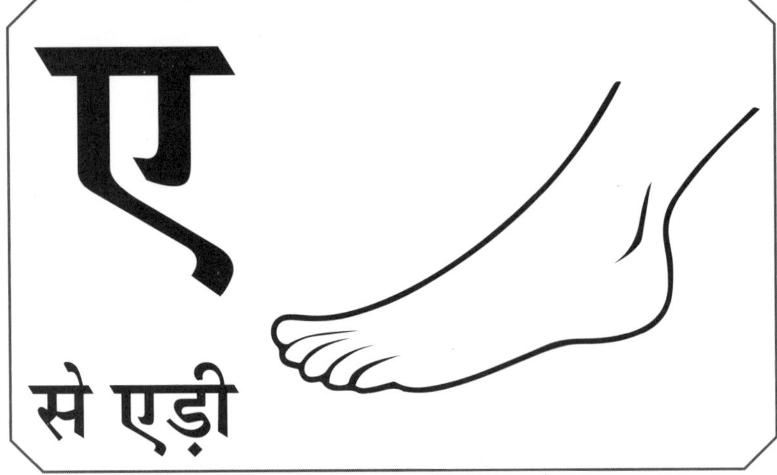

ए	ए	ए	ए
ए	ए	ए	ए
ए	ए	ए	ए
ए	ए	ए	ए
ए	ए	ए	ए
ए	ए	ए	ए
ए	ए	ए	ए
ए	ए	ए	ए

ऐ	ऐ	ऐ	ऐ
ऐ	ऐ	ऐ	ऐ
ऐ	ऐ	ऐ	ऐ
ऐ	ऐ	ऐ	ऐ
ऐ	ऐ	ऐ	ऐ
ऐ	ऐ	ऐ	ऐ
ऐ	ऐ	ऐ	ऐ
ऐ	ऐ	ऐ	ऐ

Teacher's Signature: ....
Date: .... Remarks: ....

ओ	ओ	ओ	ओ
ओ	ओ	ओ	ओ
ओ	ओ	ओ	ओ
ओ	ओ	ओ	ओ
ओ	ओ	ओ	ओ
ओ	ओ	ओ	ओ
ओ	ओ	ओ	ओ
ओ	ओ	ओ	ओ

औ	औ	औ	औ
औ	औ	औ	औ
औ	औ	औ	औ
औ	औ	औ	औ
औ	औ	औ	औ
औ	औ	औ	औ
औ	औ	औ	औ
औ	औ	औ	औ

Teacher's Signature: ....
Date: .... Remarks: ....

अं

से अंगूर

अं	अं	अं	अं
अं	अं	अं	अं
अं	अं	अं	अं
अं	अं	अं	अं
अं	अं	अं	अं
अं	अं	अं	अं
अं	अं	अं	अं
अं	अं	अं	अं

अः	अः	अः	अः
अः	अः	अः	अः
अः	अः	अः	अः
अः	अः	अः	अः
अः	अः	अः	अः
अः	अः	अः	अः
अः	अः	अः	अः
अः	अः	अः	अः

Teacher's Signature: ....

Date: .... Remarks: ....

क	क	क	क
क	क	क	क
क	क	क	क
क	क	क	क
क	क	क	क
क	क	क	क
क	क	क	क
क	क	क	क

ख	ख	ख	ख
ख	ख	ख	ख
ख	ख	ख	ख
ख	ख	ख	ख
ख	ख	ख	ख
ख	ख	ख	ख
ख	ख	ख	ख
ख	ख	ख	ख

Teacher's Signature: ....
Date: .... Remarks: ....

ग

से गमला

घ

से घर

ग	ग	ग	ग
ग	ग	ग	ग
ग	ग	ग	ग
ग	ग	ग	ग
ग	ग	ग	ग
ग	ग	ग	ग
ग	ग	ग	ग
ग	ग	ग	ग

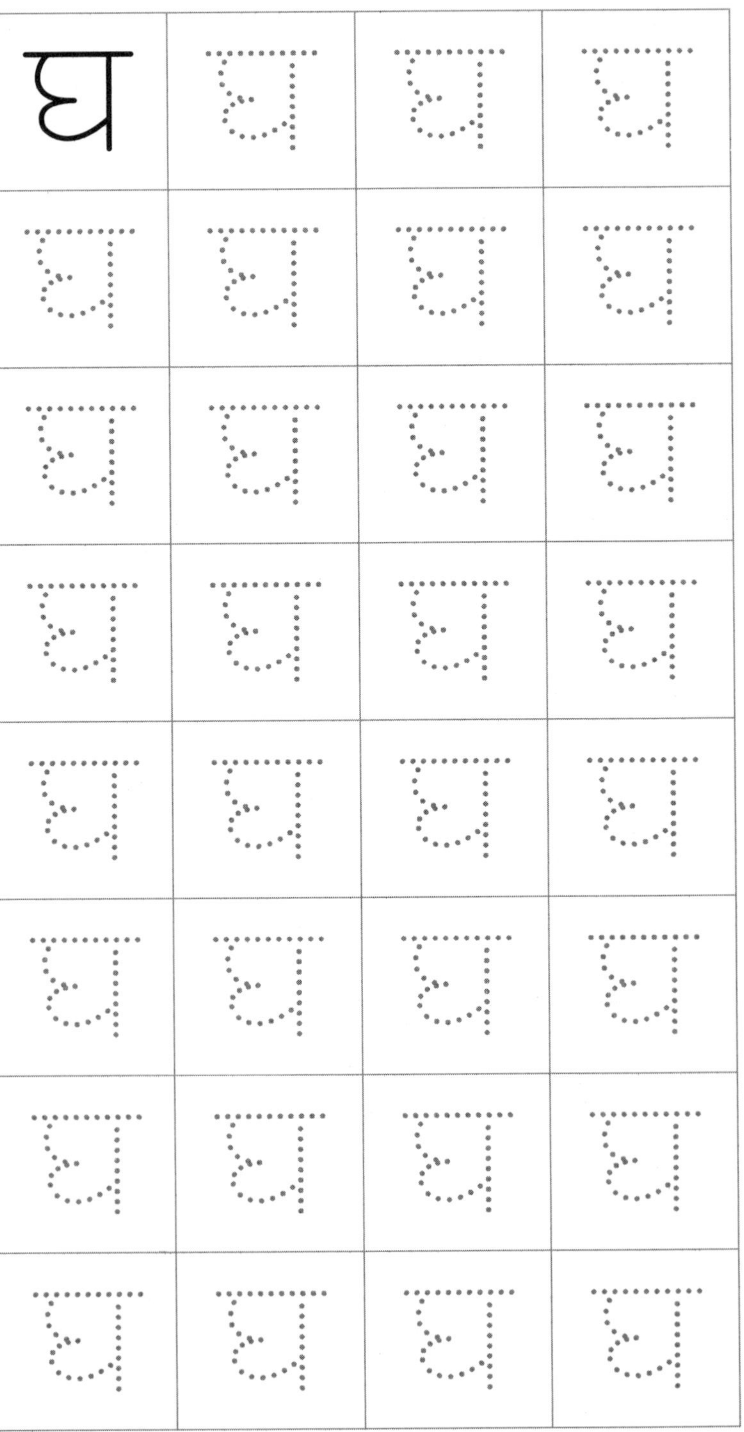

घ	घ	घ	घ
घ	घ	घ	घ
घ	घ	घ	घ
घ	घ	घ	घ
घ	घ	घ	घ
घ	घ	घ	घ
घ	घ	घ	घ
घ	घ	घ	घ

Teacher's Signature: ....
Date: .... Remarks: ....

ङ	ङ	ङ	ङ
ङ	ङ	ङ	ङ
ङ	ङ	ङ	ङ
ङ	ङ	ङ	ङ
ङ	ङ	ङ	ङ
ङ	ङ	ङ	ङ
ङ	ङ	ङ	ङ
ङ	ङ	ङ	ङ

च	च	च	च
च	च	च	च
च	च	च	च
च	च	च	च
च	च	च	च
च	च	च	च
च	च	च	च
च	च	च	च

Teacher's Signature: ....
Date: .... Remarks: ....

छ	छ	छ	छ
छ	छ	छ	छ
छ	छ	छ	छ
छ	छ	छ	छ
छ	छ	छ	छ
छ	छ	छ	छ
छ	छ	छ	छ
छ	छ	छ	छ

ज	ज	ज	ज
ज	ज	ज	ज
ज	ज	ज	ज
ज	ज	ज	ज
ज	ज	ज	ज
ज	ज	ज	ज
ज	ज	ज	ज
ज	ज	ज	ज

Teacher's Signature: ....

Date: .... Remarks: ....

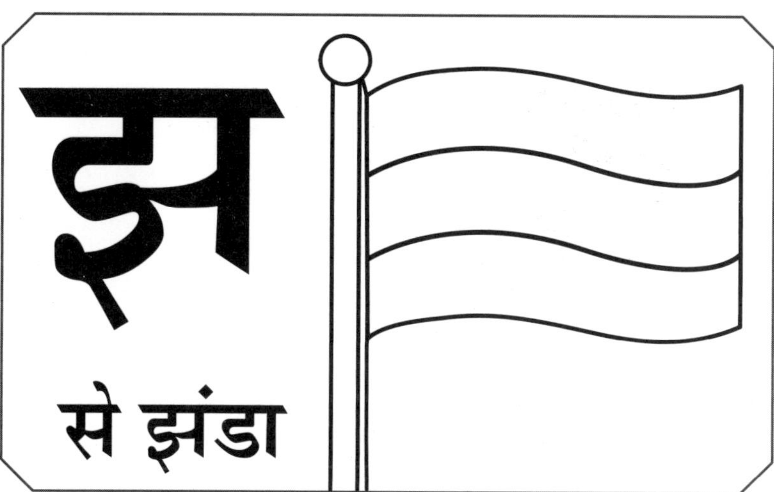

झ	झ	झ	झ
झ	झ	झ	झ
झ	झ	झ	झ
झ	झ	झ	झ
झ	झ	झ	झ
झ	झ	झ	झ
झ	झ	झ	झ
झ	झ	झ	झ

अ	अ	अ	अ
अ	अ	अ	अ
अ	अ	अ	अ
अ	अ	अ	अ
अ	अ	अ	अ
अ	अ	अ	अ
अ	अ	अ	अ
अ	अ	अ	अ

Teacher's Signature: ....

Date: .... Remarks: ....

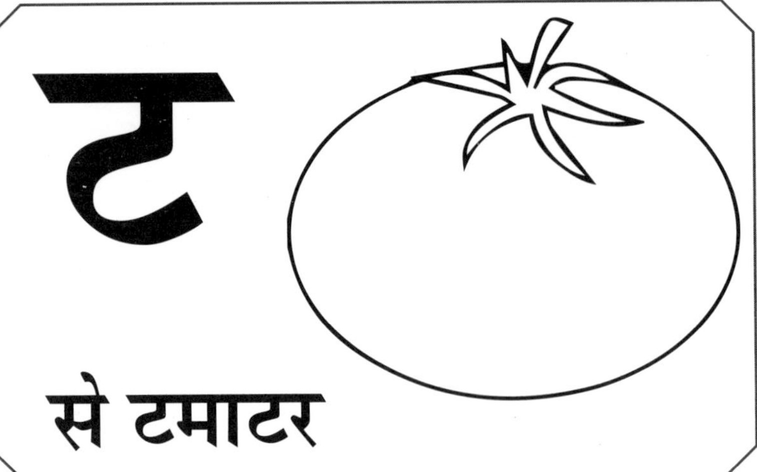

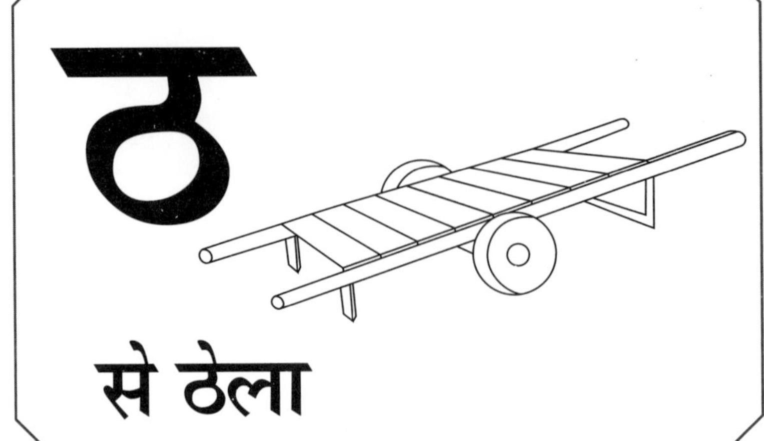

ट	ट	ट	ट
ट	ट	ट	ट
ट	ट	ट	ट
ट	ट	ट	ट
ट	ट	ट	ट
ट	ट	ट	ट
ट	ट	ट	ट
ट	ट	ट	ट

ठ	ठ	ठ	ठ
ठ	ठ	ठ	ठ
ठ	ठ	ठ	ठ
ठ	ठ	ठ	ठ
ठ	ठ	ठ	ठ
ठ	ठ	ठ	ठ
ठ	ठ	ठ	ठ
ठ	ठ	ठ	ठ

Teacher's Signature: ....
Date: .... Remarks: ....

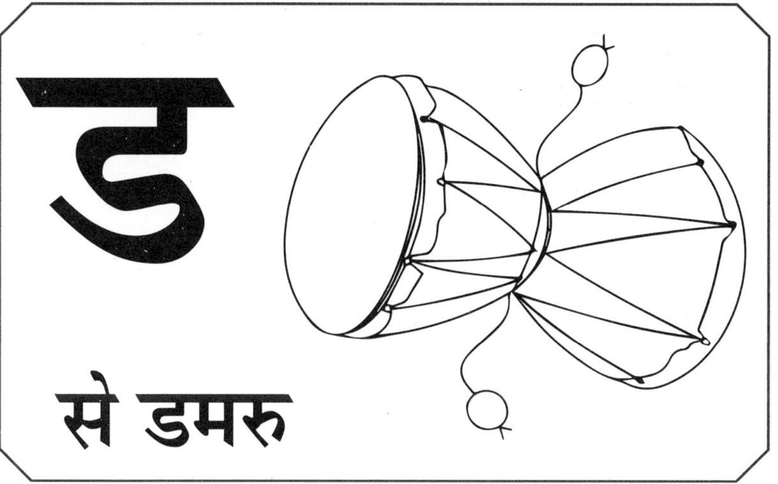

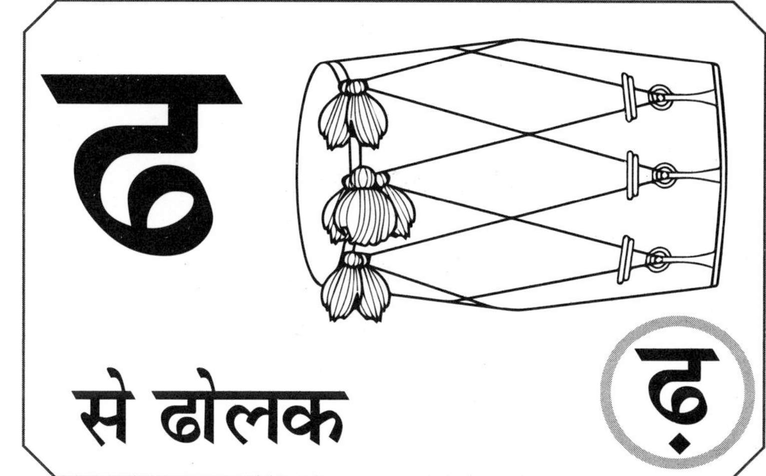

ड	ड	ड	ड
ड	ड	ड	ड
ड	ड	ड	ड
ड	ड	ड	ड
ड	ड	ड	ड
ड	ड	ड	ड
ड	ड	ड	ड
ड	ड	ड	ड

ढ	ढ	ढ	ढ
ढ	ढ	ढ	ढ
ढ	ढ	ढ	ढ
ढ	ढ	ढ	ढ
ढ	ढ	ढ	ढ
ढ	ढ	ढ	ढ
ढ	ढ	ढ	ढ
ढ	ढ	ढ	ढ

Teacher's Signature: ....
Date: .... Remarks: ....

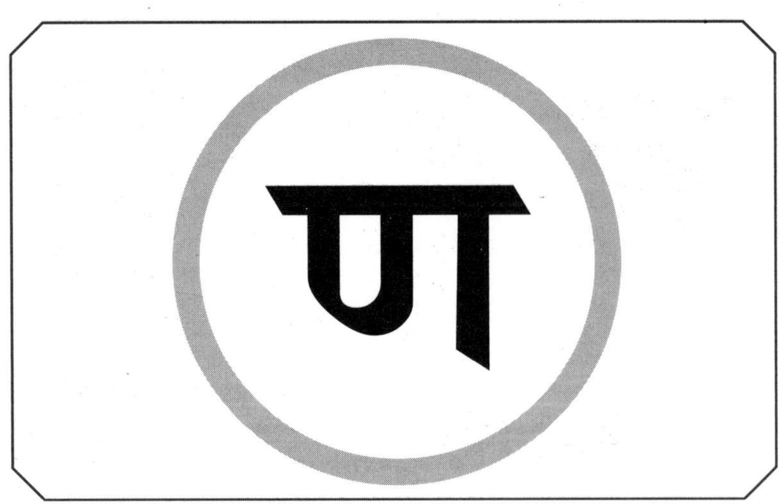

ण	ण	ण	ण
ण	ण	ण	ण
ण	ण	ण	ण
ण	ण	ण	ण
ण	ण	ण	ण
ण	ण	ण	ण
ण	ण	ण	ण
ण	ण	ण	ण

त	त	त	त
त	त	त	त
त	त	त	त
त	त	त	त
त	त	त	त
त	त	त	त
त	त	त	त
त	त	त	त

Teacher's Signature: ....
Date: .... Remarks: ....

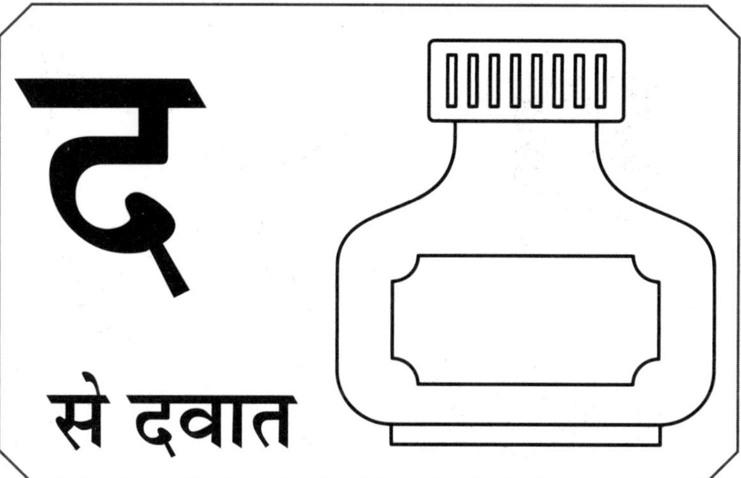

थ	थ	थ	थ
थ	थ	थ	थ
थ	थ	थ	थ
थ	थ	थ	थ
थ	थ	थ	थ
थ	थ	थ	थ
थ	थ	थ	थ
थ	थ	थ	थ

द	द	द	द
द	द	द	द
द	द	द	द
द	द	द	द
द	द	द	द
द	द	द	द
द	द	द	द
द	द	द	द

Teacher's Signature: ....
Date: .... Remarks: ....

ध

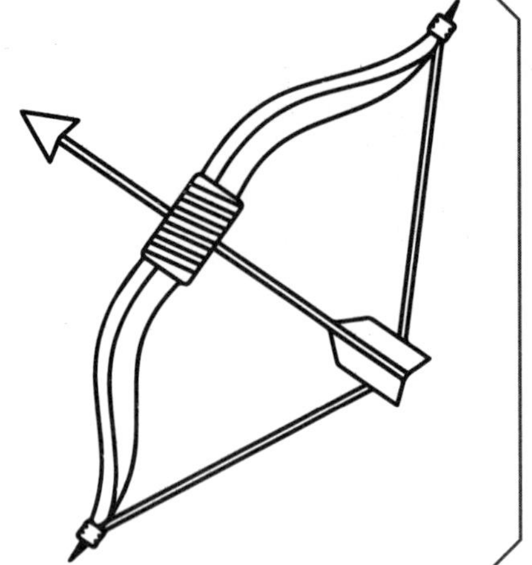

से धनुष

न

से नल

ध	ध	ध	ध
ध	ध	ध	ध
ध	ध	ध	ध
ध	ध	ध	ध
ध	ध	ध	ध
ध	ध	ध	ध
ध	ध	ध	ध
ध	ध	ध	ध

न	न	न	न
न	न	न	न
न	न	न	न
न	न	न	न
न	न	न	न
न	न	न	न
न	न	न	न
न	न	न	न

Teacher's Signature: ....
Date: .... Remarks: ....

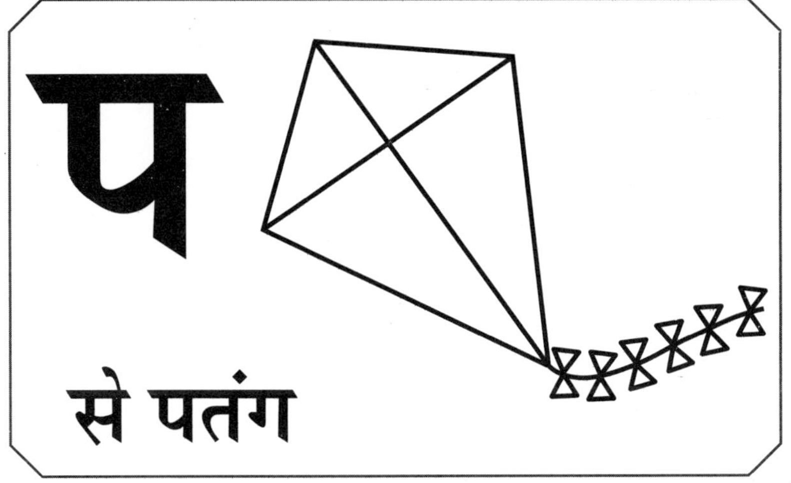

प	प	प	प
प	प	प	प
प	प	प	प
प	प	प	प
प	प	प	प
प	प	प	प
प	प	प	प
प	प	प	प

फ	फ	फ	फ
फ	फ	फ	फ
फ	फ	फ	फ
फ	फ	फ	फ
फ	फ	फ	फ
फ	फ	फ	फ
फ	फ	फ	फ
फ	फ	फ	फ

Teacher's Signature: ....
Date: .... Remarks: ....

ब	ब	ब	ब
ब	ब	ब	ब
ब	ब	ब	ब
ब	ब	ब	ब
ब	ब	ब	ब
ब	ब	ब	ब
ब	ब	ब	ब
ब	ब	ब	ब

भ	भ	भ	भ
भ	भ	भ	भ
भ	भ	भ	भ
भ	भ	भ	भ
भ	भ	भ	भ
भ	भ	भ	भ
भ	भ	भ	भ
भ	भ	भ	भ

Teacher's Signature: ....

Date: .... Remarks: ....

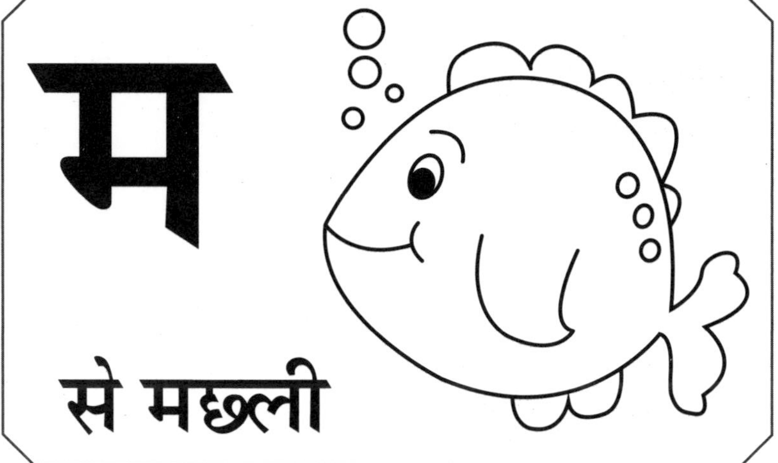

म	म	म	म
म	म	म	म
म	म	म	म
म	म	म	म
म	म	म	म
म	म	म	म
म	म	म	म
म	म	म	म

य	य	य	य
य	य	य	य
य	य	य	य
य	य	य	य
य	य	य	य
य	य	य	य
य	य	य	य
य	य	य	य

Teacher's Signature: ....
Date: .... Remarks: ....

र	र	र	र
र	र	र	र
र	र	र	र
र	र	र	र
र	र	र	र
र	र	र	र
र	र	र	र
र	र	र	र

ल	ल	ल	ल
ल	ल	ल	ल
ल	ल	ल	ल
ल	ल	ल	ल
ल	ल	ल	ल
ल	ल	ल	ल
ल	ल	ल	ल
ल	ल	ल	ल

Teacher's Signature: ....
Date: .... Remarks: ....

व

से वक

श

से शलगम

व	व	व	व
व	व	व	व
व	व	व	व
व	व	व	व
व	व	व	व
व	व	व	व
व	व	व	व
व	व	व	व

श	श	श	श
श	श	श	श
श	श	श	श
श	श	श	श
श	श	श	श
श	श	श	श
श	श	श	श
श	श	श	श

Teacher's Signature: ....
Date: .... Remarks: ....

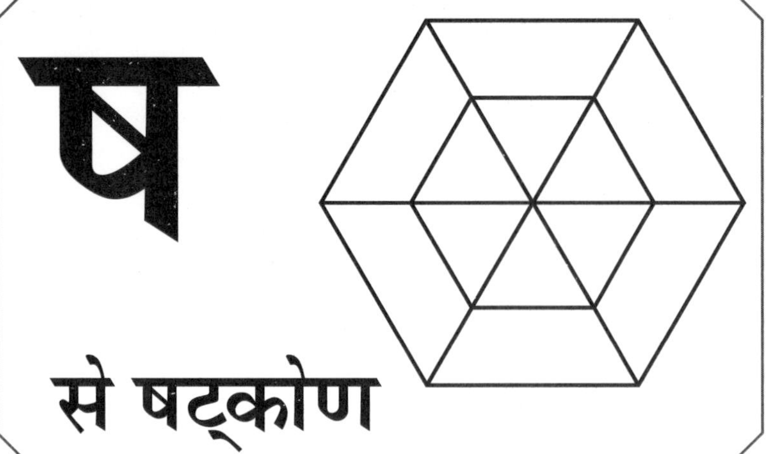

ष	ष	ष	ष
ष	ष	ष	ष
ष	ष	ष	ष
ष	ष	ष	ष
ष	ष	ष	ष
ष	ष	ष	ष
ष	ष	ष	ष
ष	ष	ष	ष

स	स	स	स
स	स	स	स
स	स	स	स
स	स	स	स
स	स	स	स
स	स	स	स
स	स	स	स
स	स	स	स

Teacher's Signature: ....
Date: .... Remarks: ....

ह	ह	ह	ह
ह	ह	ह	ह
ह	ह	ह	ह
ह	ह	ह	ह
ह	ह	ह	ह
ह	ह	ह	ह
ह	ह	ह	ह
ह	ह	ह	ह

क्ष	क्ष	क्ष	क्ष
क्ष	क्ष	क्ष	क्ष
क्ष	क्ष	क्ष	क्ष
क्ष	क्ष	क्ष	क्ष
क्ष	क्ष	क्ष	क्ष
क्ष	क्ष	क्ष	क्ष
क्ष	क्ष	क्ष	क्ष
क्ष	क्ष	क्ष	क्ष

Teacher's Signature: ....
Date: .... Remarks: ....

त्र

से त्रिशूल

से ज्ञानी

त्र	त्र	त्र	त्र
त्र	त्र	त्र	त्र
त्र	त्र	त्र	त्र
त्र	त्र	त्र	त्र
त्र	त्र	त्र	त्र
त्र	त्र	त्र	त्र
त्र	त्र	त्र	त्र
त्र	त्र	त्र	त्र

ज्ञ	ज्ञ	ज्ञ	ज्ञ
ज्ञ	ज्ञ	ज्ञ	ज्ञ
ज्ञ	ज्ञ	ज्ञ	ज्ञ
ज्ञ	ज्ञ	ज्ञ	ज्ञ
ज्ञ	ज्ञ	ज्ञ	ज्ञ
ज्ञ	ज्ञ	ज्ञ	ज्ञ
ज्ञ	ज्ञ	ज्ञ	ज्ञ
ज्ञ	ज्ञ	ज्ञ	ज्ञ

Teacher's Signature: ....
Date: .... Remarks: ....

भारतीय मुद्रा चिह्न : (रुपया)

श्र	श्र	श्र	श्र
श्र	श्र	श्र	श्र
श्र	श्र	श्र	श्र
श्र	श्र	श्र	श्र
श्र	श्र	श्र	श्र
श्र	श्र	श्र	श्र
श्र	श्र	श्र	श्र
श्र	श्र	श्र	श्र

₹	₹	₹	₹
₹	₹	₹	₹
₹	₹	₹	₹
₹	₹	₹	₹
₹	₹	₹	₹
₹	₹	₹	₹
₹	₹	₹	₹
₹	₹	₹	₹

Teacher's Signature: ....
Date: .... Remarks: ....

चित्रों के नाम का पहला अक्षर लिखो–

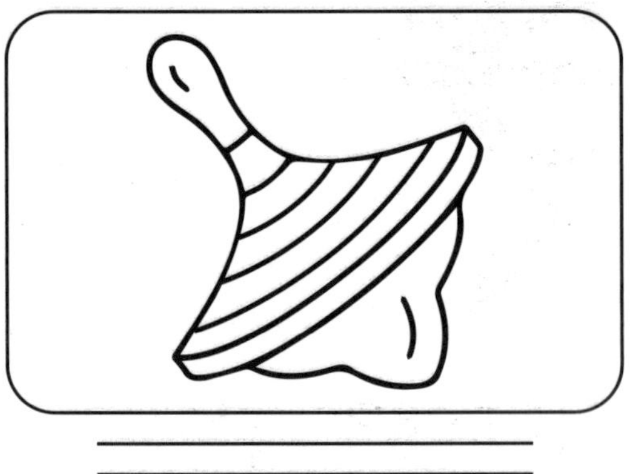

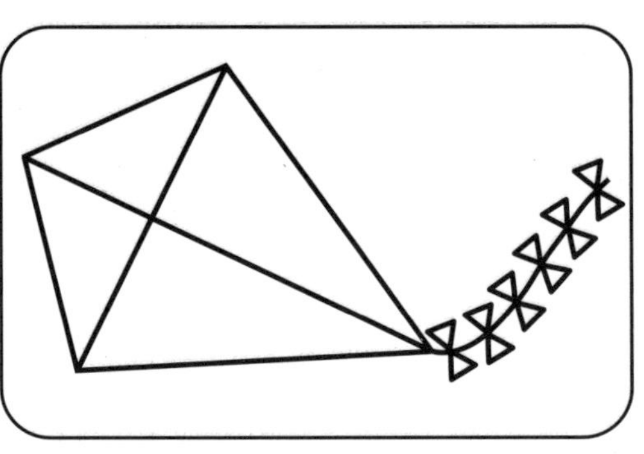

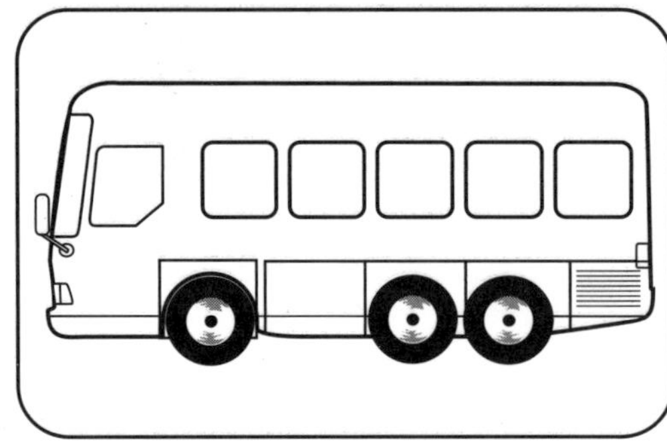

चित्रों को देखकर सही अक्षर पर गोला लगाओ

ह म क

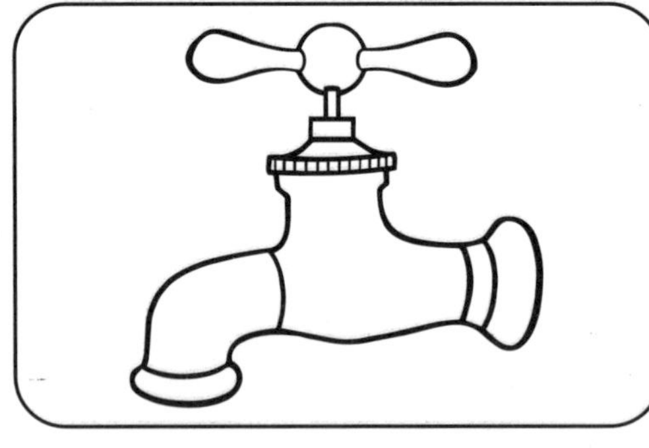

न स अ

क ल ख

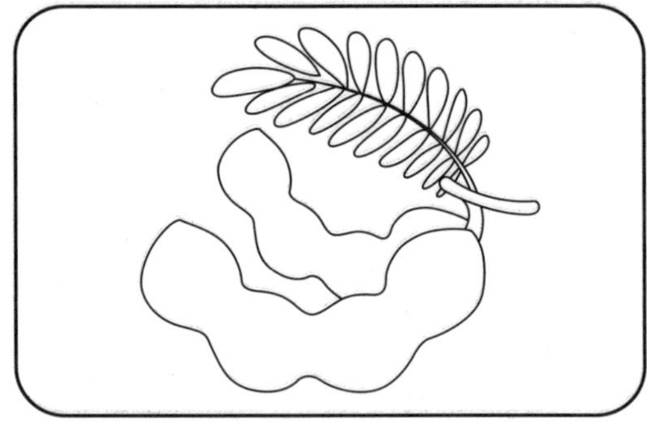

इ य र

क ह स

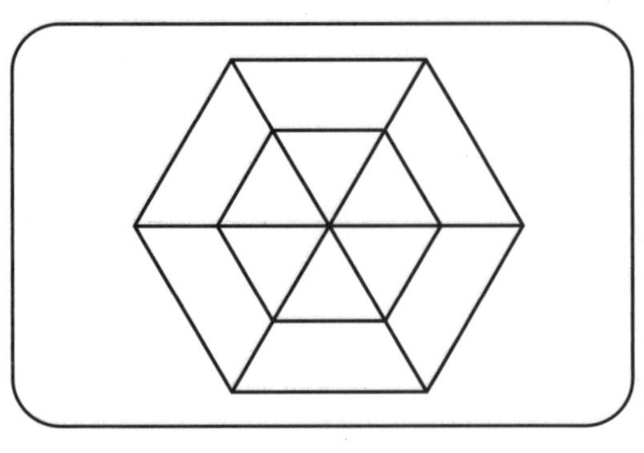

ट ण ष

Teacher's Signature: ....
Date: .... Remarks: ....

NUMBERS 1-50

1			

2			

Teacher's Signature: ....
Date: .... Remarks: ....

3

THREE

4

FOUR

Teacher's Signature: ....
Date: .... Remarks: ....

5	5	5	5
5	5	5	5
5	5	5	5
5	5	5	5
5	5	5	5
5	5	5	5
5	5	5	5
5	5	5	5

6	6	6	6
6	6	6	6
6	6	6	6
6	6	6	6
6	6	6	6
6	6	6	6
6	6	6	6
6	6	6	6

Teacher's Signature: ....
Date: .... Remarks: ....

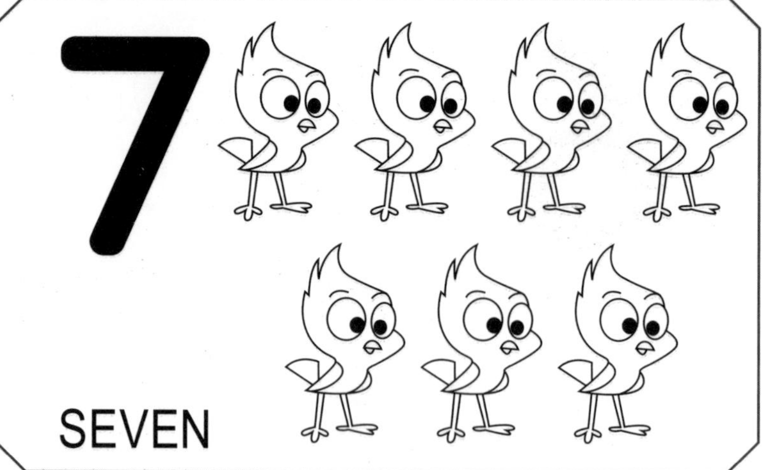

7	7	7	7
7	7	7	7
7	7	7	7
7	7	7	7
7	7	7	7
7	7	7	7
7	7	7	7
7	7	7	7

8	8	8	8
8	8	8	8
8	8	8	8
8	8	8	8
8	8	8	8
8	8	8	8
8	8	8	8
8	8	8	8

Teacher's Signature: ....
Date: .... Remarks: ....

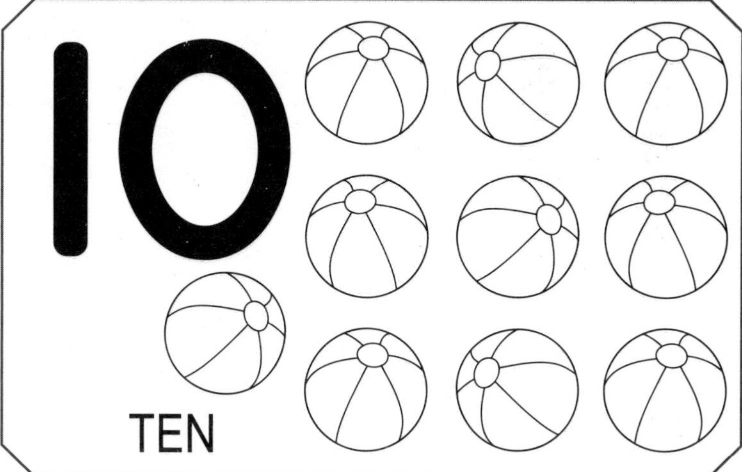

9	9	9	9
9	9	9	9
9	9	9	9
9	9	9	9
9	9	9	9
9	9	9	9
9	9	9	9
9	9	9	9

10	10	10	10
10	10	10	10
10	10	10	10
10	10	10	10
10	10	10	10
10	10	10	10
10	10	10	10
10	10	10	10

Teacher's Signature: ....
Date: .... Remarks: ....

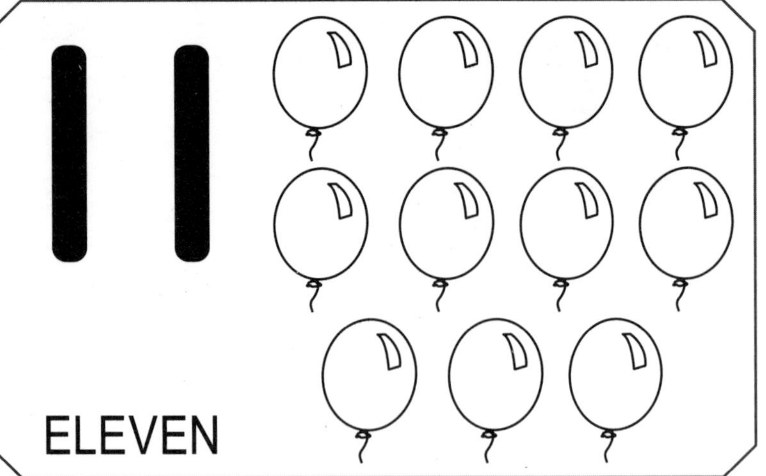

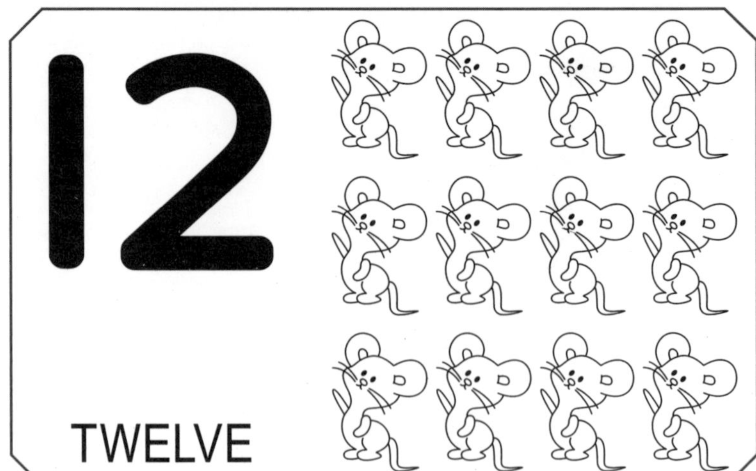

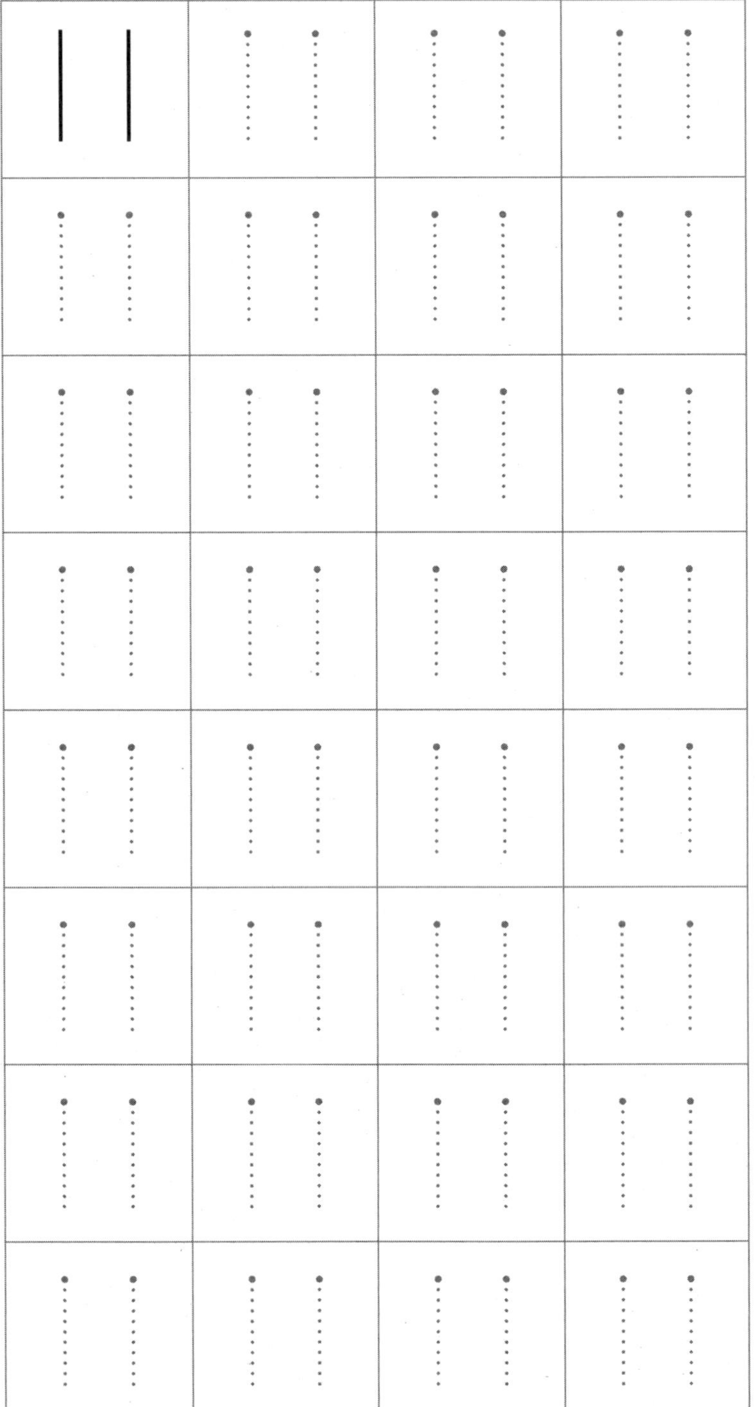

Teacher's Signature: ....

Date: .... Remarks: ....

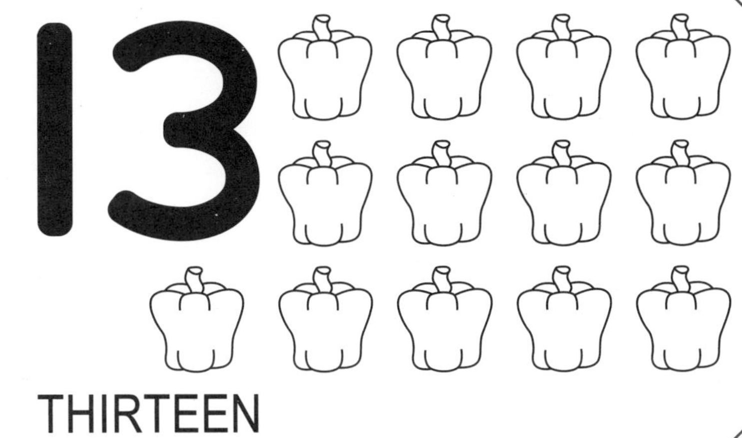

13

14

Teacher's Signature: ....
Date: .... Remarks: ....

15	15	15	15
15	15	15	15
15	15	15	15
15	15	15	15
15	15	15	15
15	15	15	15
15	15	15	15
15	15	15	15

16	16	16	16
16	16	16	16
16	16	16	16
16	16	16	16
16	16	16	16
16	16	16	16
16	16	16	16
16	16	16	16

Teacher's Signature: ....

Date: .... Remarks: ....

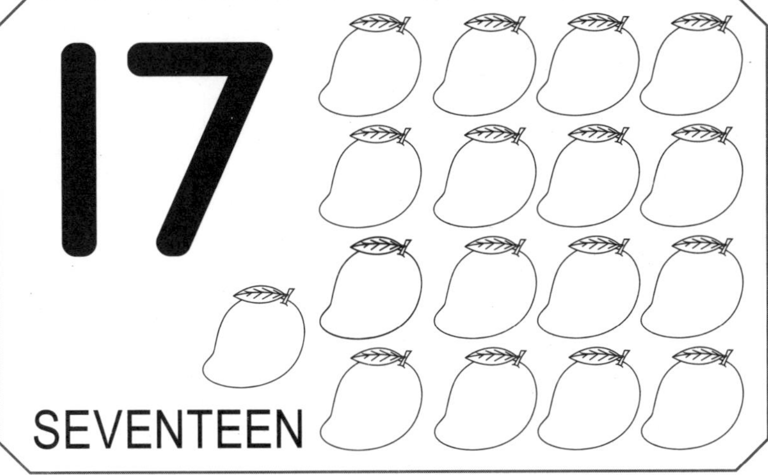

17	17	17	17
17	17	17	17
17	17	17	17
17	17	17	17
17	17	17	17
17	17	17	17
17	17	17	17
17	17	17	17

18	18	18	18
18	18	18	18
18	18	18	18
18	18	18	18
18	18	18	18
18	18	18	18
18	18	18	18
18	18	18	18

Teacher's Signature: ....
Date: .... Remarks: ....

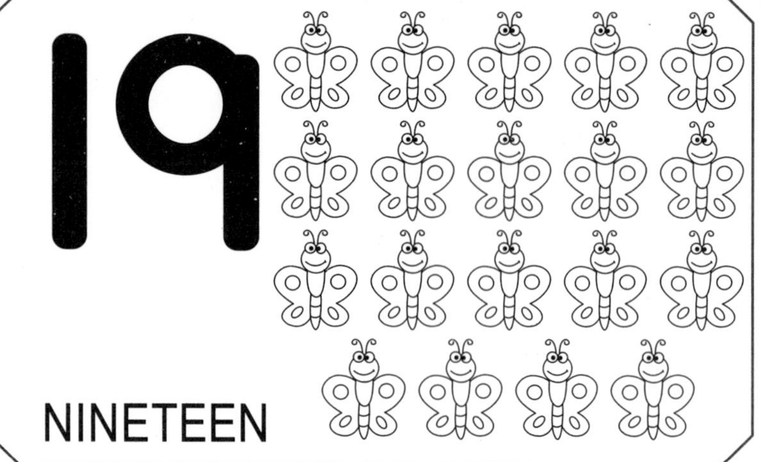

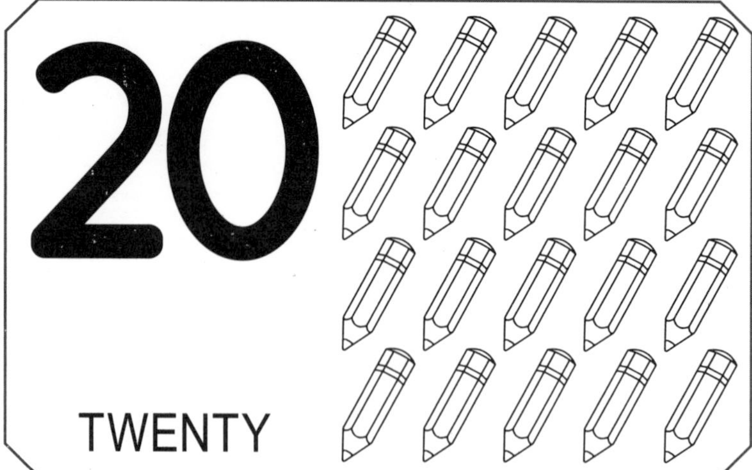

19	19	19	19
19	19	19	19
19	19	19	19
19	19	19	19
19	19	19	19
19	19	19	19
19	19	19	19
19	19	19	19

20	20	20	20
20	20	20	20
20	20	20	20
20	20	20	20
20	20	20	20
20	20	20	20
20	20	20	20
20	20	20	20

Teacher's Signature: ....
Date: .... Remarks: ....

21	21	21	21	21	21	21	21
22	22	22	22	22	22	22	22
23	23	23	23	23	23	23	23
24	24	24	24	24	24	24	24
25	25	25	25	25	25	25	25
26	26	26	26	26	26	26	26
27	27	27	27	27	27	27	27
28	28	28	28	28	28	28	28
29	29	29	29	29	29	29	29
30	30	30	30	30	30	30	30

Teacher's Signature: ....
Date: .... Remarks: ....

31	31	31	31	31	31	31	31
32	32	32	32	32	32	32	32
33	33	33	33	33	33	33	33
34	34	34	34	34	34	34	34
35	35	35	35	35	35	35	35
36	36	36	36	36	36	36	36
37	37	37	37	37	37	37	37
38	38	38	38	38	38	38	38
39	39	39	39	39	39	39	39
40	40	40	40	40	40	40	40

Teacher's Signature: ....
Date: .... Remarks: ....

41	41	41	41	41	41	41	41
42	42	42	42	42	42	42	42
43	43	43	43	43	43	43	43
44	44	44	44	44	44	44	44
45	45	45	45	45	45	45	45
46	46	46	46	46	46	46	46
47	47	47	47	47	47	47	47
48	48	48	48	48	48	48	48
49	49	49	49	49	49	49	49
50	50	50	50	50	50	50	50

Teacher's Signature: ....
Date: .... Remarks: ....

Cut, count and circle correct number.

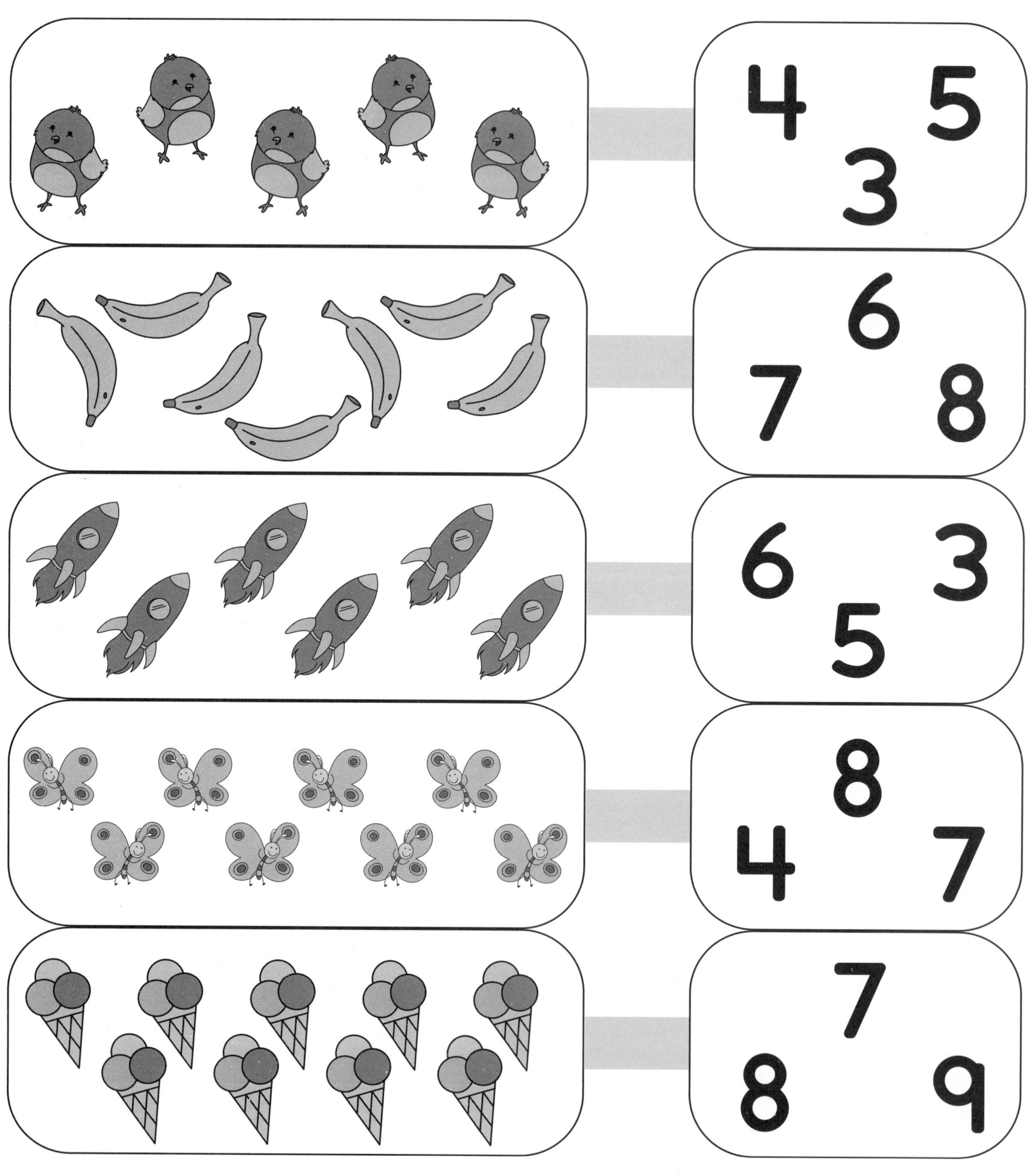

Teacher's Signature: ....
Date: .... Remarks: ....